Errances
Recueil de poésies

Patrick Dugué

Errances

Recueil de poésies

En application de l'art. L.137-2.-I. du code de la propriété intellectuelle, toute reproduction et / ou divulgation de parties de l'œuvre dépassant le volume prévu par la loi est expressément interdite.

© Patrick Dugué, 2025

patrickdugue.fr

Couverture : « La Pointe du Raz », crédit photographique de l'auteur

Édition : BoD · Books on Demand, 31 avenue Saint-Rémy, 57600 Forbach, bod@bod.fr
Impression : Libri Plureos GmbH, Friedensallee 273, 22763 Hamburg (Allemagne)

Impression à la demande
ISBN : 978-2-3226-3484-2
Dépôt légal : juin 2025

Pour Michelle, Muriel et Olivier

PARTIE 1
AMOURS

À l'envers

Un pas dans les étoiles
Les pendules à l'envers
Marchant vers le passé
Enfin je te retrouve

Bien loin nos déchirures
Je vois notre rencontre
Délice de l'instant
Où tu n'es pas encore

Je ne te connais pas
Je ne sais pas alors
L'arôme du désir
Et la trouble amertume

Pourquoi vivais-je donc
Je n'avais aucun but
Jusqu'à te découvrir
Dans les plis du destin

Maintenant tu n'es plus
Je tente d'oublier
Ces myriades d'images
Ce pas dans les étoiles

Spirales

Spirales mouvantes de l'esprit
Où tourbillonnent à l'infini
Les effluves d'amours anciennes
Le vent ramène en souvenir
Un souffle d'au-delà du temps

Lignes changeantes du présent
Sous la raideur de l'instant
Je fuis l'horizon incertain
Pour la chaleur de ta présence

Mais difficile est la rencontre
Et fuyante en est l'approche
Car du chemin où je t'attends
Jusqu'au détour où tu habites
Il y a l'espace d'un matin

Étreinte

Comme à l'esprit se fond
L'esprit de l'autre en toi
A ton corps impatient
C'est le sien qui répond

Peau à peau étendus
Sur de larges instants
Vous goutez immobiles
La tornade encéphale

Le sel des mers du jour
Et le froid de la nuit
Défont de vos regards
La splendeur irréelle

Mais malgré la pâleur
Et le souffle du temps
Vous vivez votre vie
Une étreinte éternelle

Distance

Paroles au goût amer
Encore une rencontre
Où meurt un peu de nous

Tu scelles ta froideur
Défendant la distance
Qui s'installe entre nous

Je m'accroche un moment
A la douce illusion
Qu'il n'existe que nous

Mais lorsque tu t'éloignes
Ignorant mon émoi
Il ne reste que moi

Bouteilles

Bouteilles à la mer
Bouées sur l'océan
Avez-vous donc un jour
Délivré quelque vie
De ce triste fardeau
Qu'est notre solitude ?

Avez-vous rapproché
Deux de ces monstres humains
Merveilles d'indifférence
Les avez-vous couchés
Dedans un même ennui
Et ne se sont-ils pas
Presqu'entre dévorés ?

Ou bien, pire encore
N'ont-ils pas continué
A vivre côte à côte
Leur ennui séparé

Télépathie

Aux confins du cosmos
Les pensées enlacées
De deux êtres s'étreignent

A la même seconde
De temps universel
Les deux corps ont vibrés
Lorsque leurs deux esprits
Se sont presque touchés

Elle ressent ses envies
Quand lui perçoit ses craintes
Et l'harmonie naissant
Du feu de ces deux êtres
Se diffuse sans bruit
A des années lumières
Propageant de ses ondes
Cet amour télépathe
Au bout de l'univers
Aux confins du cosmos

Tes pas

Des couleurs de l'été
A l'odeur des troènes
Et ma mémoire égrène
Tes pas sur les graviers

Au jardin reposé
Légumes exubérants
Et le rouge-gorge attend
Tes pas sur les graviers

Effluves des rosiers
Embaument nos matins
Quand résonnent au lointain
Tes pas sur les graviers

Groseilles grappillées
Cueillies grasses framboises
Et mes rêves qui croisent
Tes pas sur les graviers

Anagramme

Eros ignorait tout de Rose
Le galbe de ses seins
La courbure de ses reins
La douceur de ses cuisses
La chaleur de ses mains

Rose méconnaissait Eros
Oh bien sur
Plus d'un papillon
S'était posé sur elle
Effleurant son pistil
Mais pas un ne l'avait épanoui

Voilà les ingrédients
D'un amour éternel
Et pourtant
Rose ne rencontra jamais Eros
Elle fanera solitaire
Et lui mourra d'ennui
Ainsi va la vie

Amer amour

Par de lentes effluves
Aux senteurs reconnues
Tu le sens à nouveau
Lentement s'insinuer

Se lovant mollement
Aux plis de tes pensées
Dévorant tes instants
Il est là impalpable
Et pourtant lancinant

Il tresse de ses fils
La trame de tes jours
De regards en sourires
Complices solitudes
Il remplit tes émois
D'amertume tendresse

Cette douce douleur
Aux baumes improbables
Te devient quotidienne
Et cet amour amer
Te fait tenir à flot

La bulle

Une bulle volée au temps qui passe
Deux destins accolés
Deux corps qui s'enlacent
Le temps d'un carrefour
Et les deux vies s'éloignent
Mais dans la bulle
L'ombre des pas témoigne

Bergerie

Lignes tombantes brisant l'horizon
Les herbages s'en vont vers la vallée
En bas, les rochers en chaos
Et le silence
Sur ces pierres
Plaques de schiste
Érigées en bergerie
Pour berger solitaire

Paille coupée en litière
Ton corps souple et long
Lové dans sa nudité
Fragile et épuisée
Tu dors

Elle

Elle est là devant toi
Et soudain tu es muet
Ou bien tu parles d'elle, mal
Ou tu parles de toi, trop

Tu évoques des ailleurs
Qu'elle ne peut comprendre
Tu trembles, tu bafouilles
Et elle, elle reste là
Immobile et fière

Tu ne sauras jamais
Si ce regard glacé
A découvert un jour
L'émotion qui te trouble

Seul

Manque une pièce
A mon histoire
Une caresse
Au désespoir

Moment de liesse
Face aux miroirs
Mais le temps presse
On est le soir

Triste tristesse
Sans le vouloir
Toi tu me laisses
Sur le trottoir

Le temps

Le vent grain à grain
Affaiblit le roc
L'océan lame à lame
Ronge la falaise
Et le temps goutte à goutte
Délave nos amours

Delirium

Overdose de folie
La crise après le manque
D'Elle, d'Elle à en crever

Manque de Toi, manque d'attente
Et ta dose qui n'arrive pas
Ou si tard, ou si triste

Tu ne ris plus
Oh tu ne pleures pas, non
Mais tu ne ris plus

Overdose de tristesse
Ton manque me manque
Je délire de toi

Les yeux livides, j'attends de t'attendre
Dans mon attente, la folie me gagne
Et tu sais, moi non plus
Je ne ris plus...

Pourquoi

La pointe au fond du ventre
La trouille et la brûlure
Feu de la déchirure
Elle s'éloigne de toi
Tu ne sauras jamais
Ni pour qui ni pourquoi

La nouvelle

Il voulait écrire une nouvelle
Pour elle
Il la voulait sobre et vivante
Une histoire belle et poignante
Émouvante, pleine d'une candeur fragile

Il voulait écrire l'histoire des avants et des après
De leur rencontre, de toutes les rencontres
Une histoire de toutes les histoires

Il avait peiné durement
Jour après jour, ligne après ligne
Et lorsque tout fut achevé
L'histoire ne tenait plus qu'à un fil
Et qu'enfin le fil fut coupé...

Elle n'était plus, elle avait fui
Ce curieux homme qui dans la vie
Respire beaucoup moins qu'il n'écrit

Froidure

Depuis quand es-tu partie
Alors que tu es là, partout
Dans les pierres froides
Des cheminées éteintes
Au travers d'une vitre embuée
Où d'autres t'ont remplacée.

Fait-il plus froid ?
Pleut-il davantage ?
Le temps me semble plus triste
Un seul être vous manque...

L'Ange

Les ailes repliées sur ses épaules blanches
L'ange désespéré pleurait son innocence
Elle s'était envolée comme un parfum s'envole
Lui jetant comme un cri l'infini du silence

Il avait pour cela suffit d'une seconde
De pas même un instant, de la frange d'écume
Qui borde sur la plage les sanglots de la mer
Pour ternir ce visage riant de boucles blondes
Et faner à jamais le soyeux de ses plumes
Le laissant vagabond douloureux et amer

Un instant foudroyé dans la folie du temps
Par le regard heureux d'une jeune fille humaine
Il a maudit le sort éternel qui l'attend
Car aujourd'hui elle meurt et ses amours sont vaines

Un jour

Un jour encore
Un jour encore t'attendre
T'attendre jusqu'à demain
Ne se voir que demain...

Aimer cette attente
En savourer chaque minute
Chaque seconde
Souhaiter qu'elle se prolonge
Et le craindre aussi...

Te voir, T'entendre
Te sentir
Imaginer tout cela...

Tes yeux, Ton regard
Plein d'une douce mélancolie
Ta bouche, ton sourire
Débordant de sensualité...

Le mystère de Ton visage
Qui s'ouvre, s'épanouit, se déploie
Enveloppe tout ce qui l'entoure
Tout ce qui le touche...

Et te toucher
Ta peau, Son satin
Son grain fin sur lequel je plonge mes mains
Te caresser toujours et encore
Un jour encore...

À chaque grain

A chaque grain qui tombe
Dans le grand sablier
Je pense à toi

Quant au petit matin
Un froid soleil d'hiver
Dissous à l'horizon
Les brumes et les brouillards
Je pense à toi

Quand la lune étoilée
Rend plus profonde encore
La noirceur de la nuit
Je pense à toi

Quand la fleur se dévoile
Que le bourgeon éclate
Et que le fruit mûrit
En plein coeur de l'été
Je pense à toi

Dès lors que je me lève
Jusqu'à être endormi
Et même lorsque je dors
Toujours je pense à toi

Tu hantes mes nuits, mes jours
C'est mon vivant enfer
Orgueil insaisissable
Mon désir insatiable
Mon délire irascible
Ma folie quotidienne
La source de ma peine
Et la pire de mes joies

L'autre regard

Fasciné, façonné
Par l'autre regard
On n'est pas
Comme on nait

Tu me fais
Je me fonds
Et me confonds en toi

Je me vois par tes yeux
Et je me trouve beau
Je m'entends par ta bouche
Et je me crois sensé

Chaque instant tu m'inventes
Par tes propres pensées
Tu pleures, je ne vis plus
Tu ris, je ressuscite

Car si l'autre c'est toi
C'est aussi mon émoi
De ne pouvoir attendre
De toi que ton regard
Que cet autre regard
Qui ce soir me fascine

Cauchemar

Quel rêve étrange j'ai fait là
Je devrais dire quel cauchemar
Je m'enfonçais dans les brumes du sommeil et
Pour la première fois depuis de nombreuses nuits
Tu n'étais pas là.

Je te cherchais partout
Dans toutes mes pensées
Dans ces êtres fuyants de nos fantômes nocturnes
Nulle part ta voix vibrante
En nul endroit ton sourire caressant

D'autres visages connus, aimés
Mais de toi, aucune trace
Et soudain l'infini s'emplit de ton absence
La déchirure de l'attente

Je cours
Je crois courir
Je m'essouffle
J'interroge les fantômes de mes nuits

Et je crie
Ce cri me réveille
Je transpire
Mais tu es là
Dans les plis de mes draps
Dans les draps de mon lit
Et tu dors d'un sommeil qu'aucun songe n'agite

Silences

Les secondes écoulées
Aux grains du sablier
Façonnent l'image d'un instant

Un regard un sourire
Des mots interrompus
Une phrase suspendue
Sont autant de délices
A mon âme meurtrie

Tu me parles et je bois
Tu regardes je respire
Tu ne me dis plus rien
Et nos esprits se touchent

Que ne peut-on se dire
En ne se disant rien
Je donnerais volontiers
Des vies de tourbillons
Pour quelques secondes
De ton silence
De cette absence sucrée de mots
Délicieux instants
Illuminés de tes regards

L'ombre de ta rue

J'ai frôlé l'ombre de ta rue
Je ne me suis pas arrêté
Envie de te voir, te toucher
Mais tu ne l'auras même pas su

J'ai frôlé l'ombre de ta vie
Quelques jours, quelques heures
Et puis le premier coup au cœur
Et le dédain après l'ennui

Je suis entré dans ta rue
Je n'ai pas pu y résister
Un passant sombre et égaré
Et tu ne m'as pas reconnu

Je suis sorti de ta vie
Sans pouvoir bien en décider
Tu me laisses désemparé
A divaguer seul dans la nuit

Le confident

Il est le confident
Un amour de talent
Pour écouter les gens

Comme il est rassurant
Qu'en tout lieu en tout temps
On puisse facilement
Lui confier nos tourments

Des femmes l'entourant
On le dit leur amant

Il y croit par moment
Quand un regard troublant
Lui répond tendrement

Mais qu'amoureusement
Il aille se confiant
Alors un non cinglant
Lui rappelle amèrement
Qu'il n'est qu'un confident

Amants d'un jour

Il voulait être
Son amant d'un jour
Mais attention
Pas d'aujourd'hui
Ni de demain
Ni même d'aucun matin ni soir
Qui se puisse prévoir

Ce ne serait pas un dimanche
Pas plus qu'un autre jour
D'une quelconque semaine

Non, ce jour-là serait un jour
Venant après des milliers d'autres
Ne serait précédé d'aucun signe

Car ce jour n'aurait pas de lendemain
Il viendrait sans qu'on l'attende
Durerait ce qu'ils en feraient
Et laisserait à tout jamais
Sa marque indélébile
Dans le regard complice
Des amants d'un jour

À mots couverts

A mots couverts
Il lui dit tout
Il croit qu'elle sait
Qu'elle a compris
Que les instants à ses côtés
Sourires complices
Regards croisés
Sont des accrocs à l'air du temps
Fils tranchés à la trame
Suspendus, immobiles
Comme un moment d'éternité
Que l'on savoure
Avec horreur
Craignant de seconde en seconde
Que le fragile équilibre
Un instant ne se brise

A mots couverts
Elle lui dit tout
De ses amours et de ses peines
Espoirs déçus et recouvrés
Elle le croit fort
Il se croit fort

Comment lui dire
Tous les plaisirs
Tous les désirs
Que lui procure
Ces doux moments

A pas couverts
Elle est parti
Papillonner sous d'autres cieux
Il reste là
Triste et meurtri
N'ayant pas encore bien compris
S'il aurait dû
S'il aurait pu
S'il aurait su
Lui dire à cœur ouvert
Plutôt qu'à mots couverts

Ultime atome

Note
Mon pote
Ta cote
Avant qu'elle baisse...

Crac
Deux claques
Dans l'sac
J'te laisse...

Demain
Si sa main
De ta main
Tu caresses...

Parfums

Vent chaud du sud le matin
Vent d'hiver vif et glacé
Quand alentour tombe la nuit
Ennivrée de ton parfum
Aux senteurs envoûtantes

L'un nous sert un musc éclatant
Des saveurs pleines, ensoleillées
Mille odeurs fleuries
Qui explosent au soleil

L'autre fige en nous
L'être transi qui nous hante

Quand le soir envahit
Nos pauvres certitudes
Il distille, avare
La froide odeur des marbres

Mais que dans le miroir
Renouvelé de l'eau
L'onde en vienne
A te réinventer
Et c'est une fois encore
Ton subtil parfum
Qui envahit mon corps
Et me fait oublier
Pour un dernier instant
Le vent chaud du matin
Et la froideur du soir

Poudre et mèche

L'amant comme poudre
S'enflamme et se dissipe
L'ami comme mèche
Longuement se consume

L'un court après l'éclat
Et l'autre après le temps
Le premier goûte les plaisirs
Le second souffre les désirs

Illusion

Quand l'ombre noire des corbeaux
Déchire les brumes matinales
De coassements transis
Je laisse mon âme se languir
Et mes pensées errer vers toi

Où es-tu
Dans quels bras
Sous quels cieux
T'es-tu préparée à notre rencontre
Autant que je le suis

Ainsi pensait celui
Qui croyait à demain
Car il ignorait tout
Des lois de l'existence
Il ne pouvait douter
De ce fébrile espoir
Car il ne savait pas
Qu'Elle n'existe pas

La fausse note

Quelque chose est cassé au royaume d'harmonie
Une note, une pause, un dièse ou un bémol
Ou bien peut-être même n'est-ce rien qu'un soupir
Qui s'est coincé ici dans les plis de la gamme

Les notes sont tombées depuis Do jusqu'au Si
Elles sont tombées bien bas, elles sont La sur le Sol
Il a suffi pour ça que tu parles de fuir
Et elles se sont brûlées aux contours de ta flamme

Jamais plus comme avant ne coulera la vie
Tu me quittes déjà comme un oiseau s'envole
Et moi sur le papier témoin de mon délire
J'écris avec des fleurs la froideur de mon drame

PARTIE 2
MONDES ANCIENS

Atlantis

Coquillage enroulé
Par les flots ballotté
D'une brise marine
Tu flattes ma narine

Algue souple ondulante
Vestige des Atlantes
Tu gardes leur cité
Semblant la protéger

Au fond de ces abysses
Où dorment tous vos fils
La lumière meurt de froid
Aux pieds de votre roi

Dans vos tours, dans vos temples
Les poissons vous contemplent
Révélant chaque jour
De nouvelles amours

Car toujours vous vivez
Par la mer, submergés
Et vos antiques plaines
Créent un nouveau domaine

Silence par les mers
Car tel est votre enfer
Et votre nouveau monde
Où les heures se confondent

Que dirent vos prophètes
Quant au cœur de la fête

L'étrange flot meurtrier
Vint tous vous emporter ?

Surent-ils à l'avance
Que minces étaient vos chances
D'échapper au courroux
D'un dieu devenu fou ?

Pouvaient-ils prévoir
La chute dans le noir
Et le froid, et la peur
Et la fuite des heures ?

Le carnage accompli
Et votre îlot détruit
Ce dieu décida-t-il
D'oublier votre ville

Vous laissant à jamais
Dans l'état que l'on sait
En un sommeil profond
D'où n'échappe aucun son

Plus rien ne s'y déroule
Au rythme de la houle
Car l'espace et le temps
Tous deux se dissolvant

Font de votre univers
Un trou noir sur la terre
Qu'explore seul notre esprit
Au cours de sombres nuits

Men-hir

La pierre au bord du vide regarde le couchant
Elle attend un signal qui ne viendra jamais
Car ceux qui l'ont dressée sont partis pour longtemps
Abandonnant ici les dieux qu'ils adoraient

Par le vent ballotés et portés par les mers
Après un long voyage de peurs et de tourments
Ici ils accostaient voici des millénaires
Pour fuir leur cité engloutie par les vents

La Pierre est leur idole, elle est leur phare aussi
Prévenant tout le jour du danger des falaises
A plus d'un frêle esquif elle sauva la vie

De même chaque nuit environnée de braises
Au milieu d'un grand feu devenant irréelle
Et prenant pour un temps l'image d'un soldat
Elle projette son ombre, désignant dans le ciel
L'étoile du marin, des fils de Dana

Une voix

Une voix portant au feu
Déchirant dans le ciel
Des oiseaux en partage

Un souffle de frisson
Qui transporte la brise
A la source de l'onde
Aux racines du temps

Encore inexistant
Au point premier, ultime
A l'avant-présence
Initiale énergie

Vocable créateur
Verbe concepteur
Porté dans le néant
Par un vaisseau fragile

Une voix

Berbère

Nonchalant sous la tente
Fumant son narguilé
Le bédouin se repose

Coussins épars lui forment
Une couche confortable

Plus loin sous l'ombre
Hésitante d'un palmier
Deux chameaux somnolent
Soufflant en cadence

Le vent s'est levé
Le sable vole
Bientôt il faudra affaler ses auvents
Disparaître sous le souffle chaud

Au matin les dunes mouvantes
Auront tout recouvert
La nuit sera longue
Et le temps suspendu

La grotte

Sur la roche les flambeaux
Tracent les troupeaux enfuis

Se mêlent les âmes emportées
Dans les effluves résineuses
Des torches accrochées

L'homme attend
Sa vision est réelle
Il vit un songe
Il sent son corps dériver
Au rythme lent des substances de rêves
Chasses passées et à venir se chevauchent

Un bison le regarde
Il contourne ses traits
D'un geste le charbon effleure la roche
Traçant à jamais l'espoir d'un homme
Le savoir ancestral

Chant Sioux

Plumes et os
Griffes et sang
La poussière est paisible
Aux mânes des anciens

Horizons infinis
Où nos peuples ont vécu
La terre qui nourrit
Se repaît de nos âmes

Elle produit de sa sève
En un ferment divin
Forces de guérison
Tendresses infinies

Boussole

Au miel de l'ambroisie
On pouvait s'adonner
En ces temps reculés
Où les dieux existaient

A l'absinthe sucrée
On pouvait rendre l'âme
Au temps des idéaux
Dont on portait les flammes

Mais les dieux et les feux
Ont déserté nos cœurs
Et nos esprits attendent
De nouvelles liqueurs

Vie paysanne

Encore un jour languit
Au rythme lent des bœufs
Où la charrue pesante
Alourdissant le joug
La charrette de foin
Balance ses grincements
Bois contre bois

Au loin bourdonnent les ruchers
Rayons de miel alvéolés
Où des nuages ailés
Récoltent les nectars
Des hibiscus et des rhododendrons

Les battoirs des femmes
Scandent une mélopée
Sur les toiles de lin rêches
Et les rires échangés
Égrènent du jour les heures ensoleillées

Au moulin
La roue enivrée d'écume
Entraînant la pierre
Dans le cliquetis des bois
Transforme le travail
Laborieux des hommes
En un flot farineux
Qui les saura nourrir

Il faudra pour cela
Que le feu et que l'eau
S'unissent de nouveau
Dans le ventre de brique
Pour que craque la croute
Et que gonfle la mie

Contes marins

Volutes laiteuses
D'une quelconque pipe
La marine barbe
Psalmodie devant l'âtre
Une étrange aventure

Celle d'un marin fou
Un du temps de la voile
Et qui partit un soir
Mais jamais ne revint

D'aucun ont cru le voir
Se seraient-ils trompés
Se tenant à la proue
D'une fière goélette

Pourtant malgré les mailles
Du filet du progrès
Malgré tous les sonars
Oreilles de la mer

Personne à sa console
Surveillant son radar
N'a pu voir de trace
De lui ni du vaisseau

C'est ainsi qu'un marin
Pêcheur à Douarnenez
Réinvente aujourd'hui
Les contes de la mer

PARTIE 3
ARTS

Origami

Feuille blanche
Mise en plis
Face et tranche
Maintes fois repris

A plat en angle
En diagonale
En moins de deux
C'est un cheval

Déploie les ailes
Ouvert fermé
Et tu deviens
Grue de papier

Un soir au bal *(tableau impressionniste)*

Aux reflets bruns des saules
Dans les eaux sombres de l'étang
S'opposent en contrepoint
Les éclats laiteux
De nénuphars immaculés

Leurs corolles flottantes
Illuminent les taches aquarellées
D'un amateur à chevalet

Un enfant découvrant la toile
Entraine sa marraine en capeline
Et l'éloigne cachée sous son ombrelle
Du riant canotier et de ses fières bacchantes

Au kiosque un orchestre
Enlève de ses cordes
Quelques doctes mouvements
Avant que le musette
N'allume ses flonflons
Et n'enivre de danse
L'élégante guinguette

Aquarelle

D'abord il y a l'eau
Déposée généreuse
De la pointe d'un pinceau
Gorgé

L'eau qui coule
Ruisselle
Sur l'étendue douce du papier
L'eau qui stagne
Brille, scintille
En une flaque miroir

Et puis il y a le temps
Qui s'écoule
S'égoutte
L'eau pénètre la pâte
Se mêle, devient mate

Alors vient l'intention
Le pigment choisi
Dilué en proportion
Avec de l'eau encore
Et puis posé
Geste lent ou preste
Léger ou volontaire

Mais qu'est-ce que l'intention
Quand le combat commence
Aspirées, refoulées
Les particules minérales, végétales
Migrent, fusionnent
Attirance, répulsion

Un monde se construit
Un ciel pâle d'automne
S'éclaire du reflet
D'un ocre aventurier

La tache cramoisi du coquelicot
Fait vibrer l'alizarine
Et quand le pinceau se pose
Le peintre émerveillé
Découvre une fois encore
A quel point son tableau
Lui aura échappé

Paysage au pastel

Vagues ciels esquissés
Pastels crayeux effacés
L'artiste trace en filigrane
Les nuages cotonneux dont la trame
S'effile lentement au-dessus des prés

Un geste de sanguine
Allume l'horizon
Puis, couche à couche
Tache contre tache
L'étendue des pigments
Fera naître à la toile
La douceur d'un matin
Ou des brumes automnales

Le potier

L'eau rougie coule entre ses doigts
Entre ses mains glisse l'argile

Alors que tourne la glaise
L'outil de buis
Trace son sillon
Ornant l'ouvrage
De décors millénaires

Ses paumes creusent
La panse ventrue
Qui devient à son gré
Vase ou bien soupière

Eaux troubles

Aux flots sombres de la rivière
Il confie ses pensées esquissées
Crayonnés estompés
Et lavis miroitants
Sont reflets de son âme

La surface irisée
Ogresse de lumière
Absorbe tout son éclat
Et du saule effilé
Aux ormes compassés
Tous mêlent aux roseaux
Leurs ombres déformées
Laissant sur sa palette
Des terres d'ombres brulées
Et des pigments éteints

Expression

De la plume au pinceau
De l'idée à l'image
De la toile à la page
Les pigments et les mots
Discourent et concourent
A exprimer nos maux

Ils disent nos émois
Et parviennent parfois
A révéler de nous
Les plus profonds secrets
Nuances et lumières
De pleins et de déliés

La lectrice

Perdue dans ses pensées
Elle laisse défiler
Une à une les lignes
L'écriture est un chant
Murmurant d'autres noms
Évoquant d'autres lieux

Le poète a souffert
Mais elle souffre aussi

La même déchirure
Rappelle à sa mémoire
Ses anciennes amours

Le parfum d'une image
Fait frémir maintenant
Des pensées plus secrètes

Tour à tour enjouée
Triste ou mélancolique
Elle revit ses émois
Dans la trace des mots
Se jouant un instant
La mélopée du cœur

La feuille

Je suis une feuille de papier
Ballotée au souffle de mes sentiments
Parfois sur moi, une main douce se pose
C'est pour écrire une histoire
De tendresse ou de folie
Alors l'écriture est caresse
Et je m'envole vers les cimes

Et puis, de là-haut je chute tourbillonnant
Comme d'un arbre à l'automne
La main a perdu sa chaleur
La feuille est froissée, meurtrie
Et la main se fait dure et soudain elle déchire
Je suis deux, je suis quatre
Dans l'air je m'éparpille

La vie est recolleuse
Bout à bout, pas à pas
Elle refait le puzzle
Mais on sait que jamais
Sans y laisser de trace
On ne peut recoller le papier

Patchwork

Point par point l'œuvre se tisse
Pièces à pièces rapprochées
Fil à fil le temps glisse
Et coud la trame des pensées

Point à point l'amour se tisse
En pensant aux êtres aimés
Et l'ouvrage se déplisse
Révélant le temps passé

PARTIE 4

NATURE

La maison abandonnée

Le lierre est au pignon
Il s'insinue, se répand
Il sépare les pierres
Étouffe la cheminée

Au sol des ardoises
Le toit béant
Tel une bouche assoiffée
Ecluse les averses

La charpente squelette
S'est voûtée avec le temps

La porte est de guingois
Et ses vieux gonds rouillés
Peinent à la maintenir

Par la fenêtre aux vitres brisées
On entrevoit les murs
Jadis blanchis de chaux
Un sol de terre battue
Jonché d'outils abandonnés
De chaises désossées
Et près de la cheminée
Aux cendres refroidies
Un crucifix arbore
Un rameau desséché

Où sont les enfants
Qui couraient
Autour de la grande table
Et se réfugiaient
Dans la robe noire de l'aïeule
Près du feu
Près de la tuile
Où galettes chaudes et odorantes
Attendaient la noix de beurre
Et la bolée de cidre

Le foyer s'est éteint
Le jardin s'embroussaille
Et envahissant tout
L'oubli est au pignon

Lumières du soir

Un soleil orangé
Illumine le soir
Après de lourds orages
De grêle retenue

Le jour cède le pas
Mais avant que la nuit
Ne mange le jardin
Ce rayon de soleil
Déchire un court instant
Poussière de lumière
L'ombre noire des sapins

Percival le chat

Taches noires, taches blanches
La queue dressée dans la rosée
Précieusement ne pas mouiller
Pattes noires, pattes blanches
Le chat s'éloigne plein de fierté
Vers les blés mûrs il va chasser
Souris noires, souris blanches
Qui vont bientôt le regretter

Octobre

Feuilles sèches
Terre humide
Les bogues hérissées
Sur de douces mousses
Éclatent de châtaignes
Dans de sombre sous-bois

Des chiens en chasse
Longent les champs
Accourant aux sifflets
De leurs porte-fusils

L'air est humide et froid
Octobre va finir
Et ses derniers soleils
Ne chauffent plus les prés

C'est dans de chauds chandails
Que j'aime en ces moments
Flâner à la recherche
D'inutiles marrons
Et de vains champignons

Aven

Sombres nefs squelettiques
Le long des coques sales
Des clapotis iodés
Bercent mécaniquement
D'amères salicornes

La vase est odorante
Les algues s'effilochent
Élingues décaties
Sur les barques pourries

Le marin cimetierre
Un instant découvert
Aux échassiers chasseurs
Disparaîtra dès l'aube
Sous la lente montée
Des vagues atlantiques

Tempête

Qu'une goutte à la vitre
Entraîne derrière elle
Un ruisseau de buée
Et se découvre un monde
Où soufflent en tempête
Des tourbillons de feuilles
Des envols erratiques
De moineaux affolés
Des tiges courbées de fleurs
Dont les rares pétales
Sont enfin arrachées

Squelettes d'arbres
Racines à l'air
Et sols délavés
Mulots terrés
Oiseaux envolés
Laissent le jardin dépeuplé

Premiers frimas

J'ai vu du blanc
Frimas de l'hiver en flocon
Quand même à midi rien ne fond
Rougissent les joues de l'enfant

J'ai vu du blanc
Disparus champignons
Châtaignes et marrons
Le héron n'est plus à l'étang

Le grand chêne

Quand l'arbre fut choisi
Qu'à grands coups de cogné
On eut meurtri ses chaires
Il s'affala transis
La cime arrachée
Entraînant les nuées
Avec lui vers le sol

Alors de lourdes mains
Calleuses et burinées
Mirent à le démembrer
Force et acharnement

Ses efforts furent vains
A vouloir résister
Il fut amenuisé
En planches de bois blanc

Il resta jour et nuit
Au vent du temps qui passe
Pleurant toute sa sève
Et desséchant son corps

Quand un matin sans bruit
Où la vie se prélasse
Son attente s'achève
Il ne sait pas encore
Qu'il vient d'être choisi
Par un oeil avisé
Parmi cent autres tas
Pour vivre l'aventure

Traversant l'océan
A d'autres bois collé
Plaqué, contre-plaqué
Coupé, poli, vernis
Il finit bois de lit...

Carte postale d'Irlande

A perte de vallons
En plaines étendues
Le regard embrasse
Cette continuité
D'herbages verdoyants

Des rochers en chaos
Brisent la rotondité
Sur un ciel de noirceur

Une tour ruinée
Défie un arc en ciel
Aux couleurs délavées

De paisibles moutons
Errent désœuvrés
Entre les tombes
D'un rustique cimetière

Nuit d'été sur la terrasse

Immobile, la lampe s'éteint
Un geste, elle se rallume
Ne pas bouger
Laisser le noir installer
A la volée
Quelques étoiles filantes

La main glisse
Chassant le noir
D'un jet de projecteur
Le vol erratique
Des papillons de nuit
Osent une danse frénétique

De bruyants coléoptères
S'évertuent à tutoyer la lumière
Jusqu'aux prochains instants immobiles
Où la nuit dévorera à nouveau
La terrasse et son occupant

Hiver

« Chaud les marrons ! »
Criait le marchand
Chaud, bien chaud
Pensait l'enfant
Et le marchand attisait le feu
De sa locomotive
Les braises rougeoyantes
Faisaient craquer les gros marrons
Leur peau éclatait comme bourgeons
Au printemps

L'enfant ébahi et les mains dans les poches
Tapait du pied le trottoir enneigé
« Chauds les marrons ! Chauds »
Mais personne pour les goûter
Le marchand avait déjà mangé
Tous ceux de la première tournée
La suivante commençait à refroidir

Et les passants passaient
La tête pleine de cadeaux à distribuer
Le cœur plein de cadeaux à recevoir
Mais aucun regard pour le vieux marchand

L'enfant, les yeux rivés sur le brasier
Sent des larmes lui venir
La faim le tenaille
L'odeur chaude des châtaignes
Augmente son malaise

Le vieil homme l'a vu
D'une feuille de journal
Dresse un cornet
La pelle sort du feu une poignée fumante
Et les marrons tombent
Dans un bruissement
Au fond du cornet
Et la vielle main se tend
L'enfant qui n'en croit pas ses yeux
S'empare du présent, maladroit

C'est très chaud
Un marron tombe à ses pieds
Faisant un trou dans la neige

L'enfant regarde le vieillard
Et tous deux, ils rient
Et le trou s'agrandit
Ils rient de plus en plus fort
Faisant fondre autour d'eux
La glace des solitudes

Provence

Au matin les vignes dévoilent
Leurs travées trapues
Vers l'horizon laiteux

La fraicheur de la nuit
Peine à retenir
Les premières chaleurs

Le soleil déjà
Inonde les oliviers
Eveillant les cigales

Sous le tilleul
Le vieux chien
Cherche son ombre

Il s'affale en jappant
Sur les dalles fraiches de la terrasse
Le décor est en place...

Pour que rien ne se passe
Un jour de plus coulant
Paisible et engourdi

Attendant qu'une brise
Dissipe alentour de la nuit
Les senteurs d'anis et de lavande

Lignes

Lignes droites enfin brisées
Par le retour du temps
Les feuilles en cavale
Se spiralent au gré du vent

L'arc-en-ciel à l'infini
Se dévoile impunément
Et l'orage au vent maudit
Se déchaine intensément

Le bélier et le singe

Un matin que Phoebus très tard s'était levé
On vit au bout d'un champ venir un grand bélier.
Force, puissance étaient en lui ancrées.
Avoir tout ce qu'il veut, et où il veut, aller.
Jamais barrière ni clôture ne l'arrête
Et pour les défoncer son énergie est prête.

C'est du haut d'un grand pin qu'un singe le regarde.
Il est lui bien malin. De descendre il se garde.
Pourtant le sort est là pour changer notre histoire.
Il advient que la branche, c'est difficile à croire,
Où le singe est assis se casse et tombe à terre.
Le singe derechef s'abat sur son derrière.

Sonné, abasourdi, on le serait à moins
Le simiesque animal avachi reste coi.
— Qui donc vient dans mon pré,
Qui vient souiller mon foin, s'écrie notre bélier.
— Je ne suis plus chez moi !
Là-dessus le fougueux s'élance frappant le sol.
Vous pensez que cela notre singe l'affole ?
C'est bien mal le connaître et je m'en vais vous dire
Comment fit celui-ci pour sauver son avenir.

— Dis-moi mon bon bélier d'où te vient ce courroux ?
— Vous voulez le savoir, et bien il vient de vous.
— Et en quoi cher ami t'ai-je donc fait violence ?
— En tombant ici-bas, vous troublez mon silence.
De plus si vous venez pour faire quelque rapine,
Je m'en vais de ce pas vous faire voir la ravine
Où vous tomberez mieux et de beaucoup plus haut?

Le singe n'a aucun goût pour les chutes, loin s'en faut.
— Ne me demande point d'où je viens, où je vais.
Car c'est un grand mystère que moi-même ne sait.
Je peux juste te dire que si je suis ici,
C'est pour une mission. Le singe réfléchi.

Je suis là pour te dire qu'il faut aimer autrui,
Les singes et les oies, les vaches et les truies.
C'est le ciel qui m'envoie car il fort marri
Que tu chasses de ton toit tout ce qui vient ici.

C'est ta dernière chance après tu risqueras
De te voir transformé en souris ou en rat.
Le bélier est ému.
— Le ciel me dis-tu ?
Il faut y repenser, sur l'heure allons manger.

Et le singe, bien malin, raconta au bélier
Encore moult histoires qu'il savait raconter.
Et le bélier le crut, et il en fut heureux.
Ainsi purent-ils enfin s'entendre bien tous deux.

La morale s'il en est, est bien facile à voir.
Il faut croire à jamais la valeur des histoires.
Car ici est la vie, parfois derrière la ruse,
Mais la sagesse aussi, veut souvent qu'on en use.

PARTIE 5
ZÉNITUDE

Zazen

J'appelle en moi le vide
Et le flux de l'oubli
J'attends l'apaisement
Et l'arrêt du tumulte

Flot de pensées immobiles
Qui, figées un instant
Pacifiées sans effort
Ne manqueront pas
De reprendre leur cours
Quant un souffle de vent
Effacera l'instant présent

Extase

Qu'une lune au matin
Pâlisse en son cortège
De nuages et de brumes

Qu'un envol impétueux
Déploie les ailes fauves
D'un rapace affamé

Que roulant en son lit
Un torrent montagnard
Polisse ses galets

Et je reste hébété
Naïf et démuni
Par cette majesté

Silence

Glisse en aile transporté
Vole au-delà du temps
Kronos des siècles transposés
Hier à demain se mêlant

Frontières se sont effondrées
Du néant l'étendu traversant
Où l'esprit te voudra transporter
En ces lieux tu seras dans l'instant

Alors les horizons embrassés
Te diront les limites du temps
Et de Dieu emplissant tes pensées
Tu sauras qu'il est inexistant

Continuité

Le destin déroulé
D'une quelconque spire
S'étire au vent du temps
En un film cassant
Qui enroule au passé
L'inquiétant avenir
Et suspend quelque peu
L'angoisse de l'instant

Mouvement

Folie du mouvement
Dont la force incessante
Nous pousse, marionnettes
A nous croire vivants

Baudruches vaniteuses
Gonflées de leur orgueil
Nous sommes indispensables
A la marche du temps

Mais qu'un jour s'élevant
Quittant le quotidien
Notre œil embrasse alors
La foule des fourmis

Et soudain nous sentons
Que parmi les atomes
Nous ne sommes pas plus
Que le grain de la plage

Galets dans la rivière
Torturée de la vie
Nous glissons impuissants
Vers la mer éternelle

Ainsi toutes nos forces
Font seulement que nous sommes
Ou bien galet couché
Ou bien galet debout

Méditation

Quel bonheur est celui
De ce moine assoupi
Dans d'étranges pensées
Aux parfums encensés
Où n'attendant plus rien
De l'autre ni de lui
Il laisse battre son cœur
A l'unisson du monde

Conte oriental

Depuis de longues heures le vieux sage méditait
Interrompant son vol
Un héron se pose près de lui
Le temple est désert, le soleil l'inonde

A l'Orient trois brigands ont surgis
Le vieil homme immobile
Songe un lent combat
Il se voit souvent
Luttant seul contre un tigre
Aujourd'hui ils sont trois

En un bond debout, son bâton à la main
Les yeux mi-clos il frappe l'air
Les hommes le regardent
Ses gestes sont précis, vifs
Un cri soudain
Force et violence à l'unisson du monde
Le vieil homme pose son bâton
Et reprend sa méditation
Les trois hommes fuient, ils ne combattront pas

Et le héron reprend son vol

Aïkus

Sur la pierre
Court un lierre
Oisif un lézard
Plaque chaude

Se pose un oiseau
Soumettant le roseau
Envolé en maraude
Plus de lézard

PARTIE 6

ENFANTS

Premier pas

Les regards attentifs au fragile équilibre
De leurs vœux entourant l'enfant que rien ne tient
Dans les proches secondes il sera enfin libre
De prendre ou de laisser de l'adulte la main

Il perçoit maintenant tout le poids de son corps
La crainte l'envahit, il vacille, se reprend
Va bientôt se lancer mais il hésite encore
A trois pas devant lui la mère attend l'enfant

Soudain c'est le hasard, la première aventure
Le pied s'est avancé, emporté par l'élan
L'autre pied a suivi, la marche n'est pas sûre
Mais ce qui l'est dès lors, c'est qu'il va de l'avant

A Muriel et Olivier

Petit toi par ci
Grand émoi par là
Quand tu nais toi sous mon toit
C'est la vie qui me touche
Me pousse et me grandit
Me construit et m'apaise
Tu es mon réconfort
Et mon plus grand malaise

Que serai-je pour toi
Un parent bienveillant
Soutien aimant et droit
Te laissant devenir
Le meilleur de toi-même

Serai-je tout cela
Tout en ne l'étant pas
Un papa chiant par-ci
Mais ton papa à toi

Hasard

En un point du cosmos
Sur la courbe du temps
Le Grand Ordonnateur
T'a faite dépositaire
D'une parcelle d'âme

A qui dois-tu ce don
A quoi donc et comment
As-tu été choisie
Parmi dix mille femmes

Et par quelle fortune
Entre cent dix mille hommes
Est-ce à moi que revient
Cette tâche inhumaine
De veiller chaque jour
Sur ce petit bout d'homme
Étincelle de vie
Énergie sidérale
Renaissance soudaine

Absence de père

Cent fois sur le métier
Délaissez votre ouvrage
Si vous ne voulez pas
Qu'à force de patience
Mais à bout de tendresse
La passion ne s'effrite
Au coeur de l'être aimé

Ou si vous avez peur
Que faute de vous voir
Vous soyez oubliés
Par vos propres enfants

Le temps perdu dit-on
Jamais ne reparaît
Et il est des sourires
Éteints à tout jamais
Dans les yeux d'un bambin
Quand des années plus tard
Il vous serre la main

68 – 86

Le souffle d'une flamme a brillé dans leurs yeux
Vous tremblez une guerre, un autre 68
C'est un souffle de vie qui anime leurs jeux
Et vous vous enterrez, vieux réflexe de fuite

Ils ont de leurs aînés l'ardeur et l'utopie
Vous étiez ces aînés qu'êtes-vous devenus ?
Craintifs, logés, nourris vous êtes endormis
Vous faut-il vous aussi des coups de pieds au c...

École buissonnière

Silences envolés
Vers les copies qui passent
Les collégiens studieux
A rédiger se lassent
Et soudain empressés
De reprendre leurs jeux
Remettent leurs copies
Au milieu de la classe
Une heure avant midi

Lors ils s'en vont gaiement
Courir la prétentaine
Heureux et insouciants
Tandis qu'une centaine
D'autres garnements
Planchent encore hardiment

Ils vont boire aux fontaines
Embrassent leurs mamans
Arrachent des cyclamens
Qu'ils donnent aux passants

Mémoire de bois

Le temps me fait vieux
Et malgré mes lunettes
Je ne vois plus si nette
Avec mes pauvres yeux

La plume de mon oie
Hésitante à tracer
Sur le papier couché
S'est cassée bien des fois

A trembler tous ces mots
Je me sens malhabile
Et suis plus volubile
A manier mes ciseaux

Car c'est au coeur du bois
Dans ses tendres replis
Que j'ai sculpté la vie
Qui déjà court en toi

Tu étais un pantin
Et j'ai peur d'oublier
Le jour où tu es né
Du berceau de mes mains

De ce moment divin
Instant déraisonnable
Où je vis l'ineffable
La magie du destin

Qui, comment et pourquoi
Je ne saurai te dire
Mais je sais que le pire
Ce serait moi sans toi

Que la fée magicienne
Qui un jour te toucha
Put retenir son bras
En ignorant ma peine

Je serai aujourd'hui
Seul face à mes poupées
Triste et désemparé
A l'hiver de ma vie

Dans mon feu les copeaux
Larmes de mon ouvrage
Réchaufferaient mon âge
Ma douleur et mes os

A l'heure où mes pensées
De temps en temps me quittent
Je dois faire très vite
Pour ne pas oublier

Ton rire cristallin
La joie de ton sourire
Et t'entendre me dire
«Je voudrais un calin»

C'est en pensant à toi
Pour que tu n'oublies pas
Qu'à l'aube du trépas
J'ai délaissé mon bois

Pour ciseler ces mots
Comme un baiser de bois
Tu restes tout pour moi
Ton papa Gepetto

PARTIE 7
HUMEURS

Guitare chilienne

(hommage à Victor Jara)

Dix doigts se raidissent
Deux mains blanchissent
Et le sang coule
Le sang du poète

Dix doigts se raidissent
Deux mains blanchissent
Offrande au dieu de la guerre

Dix doigts se raidissent
Et un poète souffre
De votre connerie

Le soldat salue
La guitare sanglante
Un poète pleure
Le malheur du monde

Parole

Sur la route
Une pierre a parlé
« Oui ils sont passés
Ils étaient enchaînés »

Dans le sous-bois
Un arbre a crié
« Ils se sont arrêtés
Puis ils les ont frappés »

Au milieu du champ
Une herbe a chanté
« Seulement la liberté !
Ils se sont écroulés »

Au bord du chemin
A l'ombre du bois
Un homme était là,
Mais il n'a rien dit

Départ

Qui sommes nous vraiment,
Quelle part d'ombre gouverne,
Quelles lumières travaillées
Apaisent nos tourments

Le soleil succède à la nuit
Mais jamais ne l'efface
Tu t'en vas, que fuis-tu
Quelle peine accomplie
Te laisse terrassé

Ton coeur est combatif
Mais ta raison n'est plus
Elle a cédé le pas
Mémoire engloutie

Des bons et mauvais jours
Seuls restent en mon âme
Les souvenirs tissés
Des traces du passé

Errances

C'est avec Lucifer sous de noirs chapiteaux
Que j'entrevois passant l'éternelle Solitude
Elle lui prête le temps et lui son grand manteau
Sans qu'aucun d'eux ne sache qui est en servitude

L'un et l'autre m'attendent
Ils sont tous deux patients
Sachant ma destinée, noirceur sempiternelle
Ils comptent mes errances espérant seulement
Que je les comblerai d'une faute nouvelle

On n'y peut rien

On ne peut rien contre la première du matin.
Celle qui vous ouvre les poumons
Vous ramène à la vie
Celle qui offre ses odeurs de noisettes
De café grillé
D'herbe et de sous-bois

On ne peut rien contre celle de la pause
Coupure de travail
Echange convivial

On ne peut rien contre l'apéritive
Elle fait passer le temps en attendant les plats

On ne peut rien contre celle du café
Ah symbiose de poisons
Vos arômes se combinent

On ne peut rien contre la digestive
Qui prolonge le repas
Au cours de longs échanges
Elle réinvente le monde dans ses volutes

Encore peut-on moins contre celle de la rencontre
Echange d'appréhensions

Et que dire de celle d'après l'amour
Le corps se détend
L'esprit s'évade

On ne peut rien contre ses moments de plaisirs
On ne peut rien

On ne peut rien contre la dernière avant la chimio
Une toute dernière
On n'y peut rien

Babel

Fol est celui qui croit
Que la multitude des langues
Divise les nations
Qu'un idiome commun
Ferait l'humanité
Une et fraternelle

Je professe pour ma part
Que dans l'apprentissage
De la langue de l'autre
Réside la semence
De la compréhension

Que de changer la vue
Que l'on a sur le monde
C'est le sentir divers
Le voir riche et varié

Apprendre une autre langue
C'est enrichir sa vie
De parcelles d'histoire
Qui de tout ne fait qu'un
Dont la diversité
Fait de nous des humains

Cathédrales

Grotesque gargouille
De granit figé
Sur nos espoirs ruinés
Tu ries de nos dépouilles

Nos flèches sont tombées
Et nos voutes s'affaissent
Nos arcs sont brisés
Et sont vides nos messes

Nos nefs ont sombré
Et l'on dit au beffroi
Que le sang des aînés
A détrôné les rois

Que de vivre sans Dieu
Exige de chacun
De connaître le mieux
Et de savoir le bien

Moi je prends pour morale
Que l'homme qui construit
Navires et cathédrales
Peut inventer sa vie

Qu'il laisse sur ses chaînes
Accumuler la rouille
Et se moque sans haine
De ces fichues gargouilles

Morphée

Poussière de lune sous mes paupières
Aux bras câlins je m'abandonne
Car le paradis sur la terre
C'est te retrouver en un somme

Loin de la vie, de ses tourments
Je te rejoins dans ton brouillard
Et je peux rêver un moment
Que je suis seul dans ton histoire

Qu'à moi seul tu consacres tes nuits
Que c'est pour moi que tu inventes
La volupté de certains bruits
Et le silence de ton attente

Tu peux prendre tous les visages
De l'être aimé au plus haï
Mais abordant sur tes rivages
C'est toujours celui de la nuit

Car dans l'obscurité complice
Tu commets tes plus beaux méfaits
En t'emparant de tous nos vices
C'est des vertus que tu en fais

De l'envie tu crées le désir
La jalousie devient amour
Et de nos rêves nous pourrons rire
Lorsque viendra le petit jour

Tu es le purificateur
De nos pensées les plus macabres
Et la mort ne me fait pas peur
Si tu en constitues le marbre

Si dans la tombe comme en un songe
Tu apparais charmant enfer
J'adorerai ce doux mensonge
Poussière de terre sous mes paupières

Dans le sable

Le froid l'engourdit
Il ressent les douleurs
De son rhumatisme encéphale

D'anciennes peurs
D'infantiles angoisses
Surgissent à nouveau
Devant l'écran brumeux
D'une conscience maladive

Est-il seul
L'a-t-on oublié
Qu'est-il pour tous ceux-là
Qui ont besoin de lui
Et pourquoi faut-il donc
Qu'il ait besoin de ceux
Qu'il n'intéresse pas

Où s'arrête le vernis
N'y a-t-il derrière
Ces échanges civils
Que la superficie
D'une amitié sans âme

Pourquoi faut-il toujours
Qu'à un soir de plaisir
Succède la torpeur
D'un matin délaissé

Que l'ami du jeudi
Ignore le vendredi
Et que se croyant fort
Ses faiblesses l'inquiètent

Qui sème la tendresse
Moissonne l'indifférence
A tout prendre la haine
Lui vaudrait un regard

Ou bien est-ce folie
Que d'attendre de l'autre
L'écho de ses passions
L'équitable désir
De l'échange gratuit
Du plaisir du moment
De savourer l'instant
Sans chercher à comprendre
Si il est convenable
Ou s'il ne convient pas

Ou bien peut-être même
Que jouant dans le sable
Nous sommes condamnés
Par un dieu infernal
A sculpter de ces grains
La fluide silhouette
De l'autre qui est nous
Ou ce qu'on veut en faire
De l'autre qui s'efface
Chaque fois que l'on croit
S'en être rapproché

Manège

Et tourne le manège
Et montent les chevaux
Et le petit cochon de bois
Dont la peinture s'écaille
Le camion de pompier
Et le sous-marin vert
Poursuivent une course
Qui nous semble sans fin

Et tournent les saisons
Hivers après étés
Jacinthes après frimas
Les nids se rempliront
Annonçant les envols
Puis les nuages noirs
Empliront l'horizon
Et les pluies nous verront
Devant l'âtre serrés

Mais les saisons passées
Jamais ne s'en reviennent
Mes hivers sont plus longs
Et j'attends mes printemps
On se croit au manège
Qui revient éternel
Mais c'est une spirale
Qui nous emmène au loin
Ne croisant qu'un instant
La grand' roue de la vie

Torpeur

Sur les sentiers sinueux
De l'antique forêt
Je n'irai pas marcher
Du moins pas ce matin

Le soleil est trop lourd
Aux paupières embrumées
Quand l'esprit dort encore
Dans le corps engourdi

Alentour la torpeur
S'insinue peu à peu
Bouger pour un instant
Ou s'immobiliser

Se figer s'engloutir
Dans le temps suspendu
Disparaître un moment
Et ne pas revenir

Laissant à l'infini
Le soin de m'emporter
Aux sentes végétales
Matrice de verdure

Séisme

Elle, elle l'a pas volé !
Encore, façon d'parler.
Elle rec'vait des clochards
Jusque dans son plumard.

Ça c'est bien fait pour lui,
A quinze dans un taudis
Tous ces cousins portos
Ça vaut bien c'que ça vaut.

Et celui du troisième
Dévoré par sa femme
C'est drogue et compagnie
Et puis ça f'sait la vie.

Y'a cor' que m'sieur Bouju
Qu'était ancien poilu
Et qu'avait aucun vice.
C'est une grande injustice...

On peut dire ce qu'on veut
Mais si y'avait un Dieu
Y'aurait pas cette misère
D'foutu tremblement d'terre.

Le mur

Une à une les briques s'entassent
Et le mur bientôt est monté.
Un à un les hommes s'effacent
Car la haine les a consumés

Quand la nuit est venue
Bien des femmes ont pleuré
Bien des jours sont passés
Et des hommes ont crié

Mais pas un soldat n'a bougé
Une à une ils ont posé les briques
Et la déchirure fut scellée

Et moi pauvre littérateur
Lorsque seul devant mon papier
Dans ma tête je voyage sans frontières
Je pense à ce mur, je pense à ces murs
Qui cloisonnent l'humanité

L'arbre

Dans le ronflement du moteur
L'acier déchire de toutes ses dents
Pénétrant le bois toujours plus loin

Chaque maillon de la chaîne
Arrache à l'arbre des particules
Les copeaux volent
Le bruit de la tronçonneuse
Est maintenant assourdissant

La fumée s'en élève
Se mélange à la poussière de bois
L'atmosphère est irrespirable
Le tronc se déchire à moitié

Il ne tient plus qu'à son écorce
Quelques fibres s'acharnent
Soudain, dans un dernier craquement
Il cède à la furie machinale

Il s'effondre d'un bloc
S'affalant sur le sol
Ce sera un bel arbre de Noël...

PARTIE 8
MISCELLANÉES

Le Noir, le Blanc et le Gris

Du noir au blanc
A saute-damier
Le Fou du roi
Dans sa folie
Frôle la reine.
Il la regarde
Il la respire
Et de son parfum
Il se grise...

Onomatopées

Plouf fait la pierre
En tombant sur le sable

Tchack le couteau
Qui s'abat sur le marbre

Splash l'œuf s'écrase
Sur le ciment qui bout

Clap c'est le silence
Et le lait va tourner

Crock dit la carotte
Qu'on râpe sur l'éléphant

Zip la boutonnière
Tonnerre de l'Olympe

Et Ploc fait mon cerveau
Tombant dans du formol

Divorce chevalin

Panique au paddock
L'étalon mustang
Cassa son tendon
En dansant le rock

S'enfuit la jument
Qui le trouvait beau
Mais dont les deux pieds
N'avaient pas qu'un sabot

Puzzle

Avec mon bâton
Dans les spires du temps
Je marche des chemins
Aux détours inconnus

Dans le vieux corridor
Un arbre a poussé
Et dans chaque fissure
Une branche apparaît

Sur le sol craquelé
D'un quelconque désert
Dans l'empreinte d'un chameau
Une graine s'est posé
Mais pas une goutte n'est tombée

Microphone
Fenêtre sur le bonheur
La voix d'un dictateur
Ou celle d'un chanteur

Divagations éthyliques

Un verre à soi
Une bouteille à la mère

L'autre pas dans son assiette
Prise en fourchette,
A cheval
Entre : les pieds dans le plat
Et l'étalon dans l'estomac

Tout aussi inutile
Qu'un labyrinthe
Sans entrée

Complainte

Tire-lire, liredon
Trois petits cochons
S'en vont à confesse...

Tire-lire, liredon
Car ils ont tous trois
Deux fois manqué la messe...

Tire-lire, liredon
Le Curé dit grognon
Montrez-moi donc vos fesses

Tire-lire, liredon
— C'est pour nous les frapper ?
— Mais non je les carresse

Tire-lire, liredon
— Tu n'es qu'un gros cochon,
Dégage et vire ta graisse

Tire-lire, liredon
Ils se promirent tous trois
De manquer toutes les messes

La vie

La vie est vaine
L'avis est vain

La vie est veine
L'ami est vin

La lune est pleine
L'ami est plein

La vie est peine
L'habit est peint

La vie est saine
L'amie est sein

La Brie est plaine
L'abri est plein

Paris est Seine
Ici c'est fin

Jeu de mots minable

Derrière les arabesques
D'un moucharabieh
Une ombre se profilait
Jetant sur la rue
Le regard torve
D'un mouchard en biais

Folie

Sous le chaud paysage
De sueur harassée
Le fou dépose un tour
Où il assoit son sac

La pierre est brulante
Il démoule ses chaussures
Et remonte pieds nus
A l'échelle du temps

Son baluchon lui bat l'épaule
Il marche après marche
Et soudain
Dans l'éclat du matin
Auréolée de branches de soleil
Elle est là

Il découvre
La lumière de son teint
Et le soleil s'éteint

Fin de la première partie

Folie (suite)

Elle resplendit toujours
Lui, sa folie l'affole
Il ne voit plus qu'elle
N'entend plus qu'elle
N'attend plus qu'elle

Elle va parler
Il tremble
Elle parle :
« Si on faisait une chasse au trésor ! »

Fin de tout

Clairvoyance

Mardi 3 février, 23h19
Je suis persuadé
Sans ouvrir les persiennes
Qu'il fait nuit dehors.

Deviendrai-je extralucide ?

Les gares

Il est des lieux bizarres
Des lieux de tous les jours
Ou des lieux de départ
Où rodent des amours
Au détour d'un regard,
Mais où le souffle court
Des amants se séparent.

Quand la journée démarre
Que point le petit jour,
On y croise au hasard
Labeurs et pas lourds
Et joyeux couche-tard.

Etranges carrefours
Que sont pour nous les gares

La plage

Des parasols adipeux
Eployés sur le sable
Se dorent la pilule
Moitié pile
Moitié fesse

Ils brûlent programmés
Rôtissoires ensablées
Pour cacher la blanche viande
Dans les plis bronze et cuivre

Ils lèchent de blanches glaces
Rabrouent de blancs enfants
Qui veulent une autre glace

Et puis, lorsque le soleil fuit
Ils roulent parasols
Serviettes et bambins
Et rejoignent au pas lent
De leurs claquettes molles
Les blanches villas
Qui surplombent la plage

Rue Vaugirard

Elle va elle vient
Sur le trottoir,
Pas un client
Rue Vaugirard

Une grosse bagnole
Ça c'est bonnard,
Mais non elle passe
Rue Vaugirard

Vraiment c'est dur
Quand vient le soir
D'être contractuelle
Rue Vaugirard